J. C. bénit les Enfans sages et S. Pierre renvoie ceux qui sont indociles.

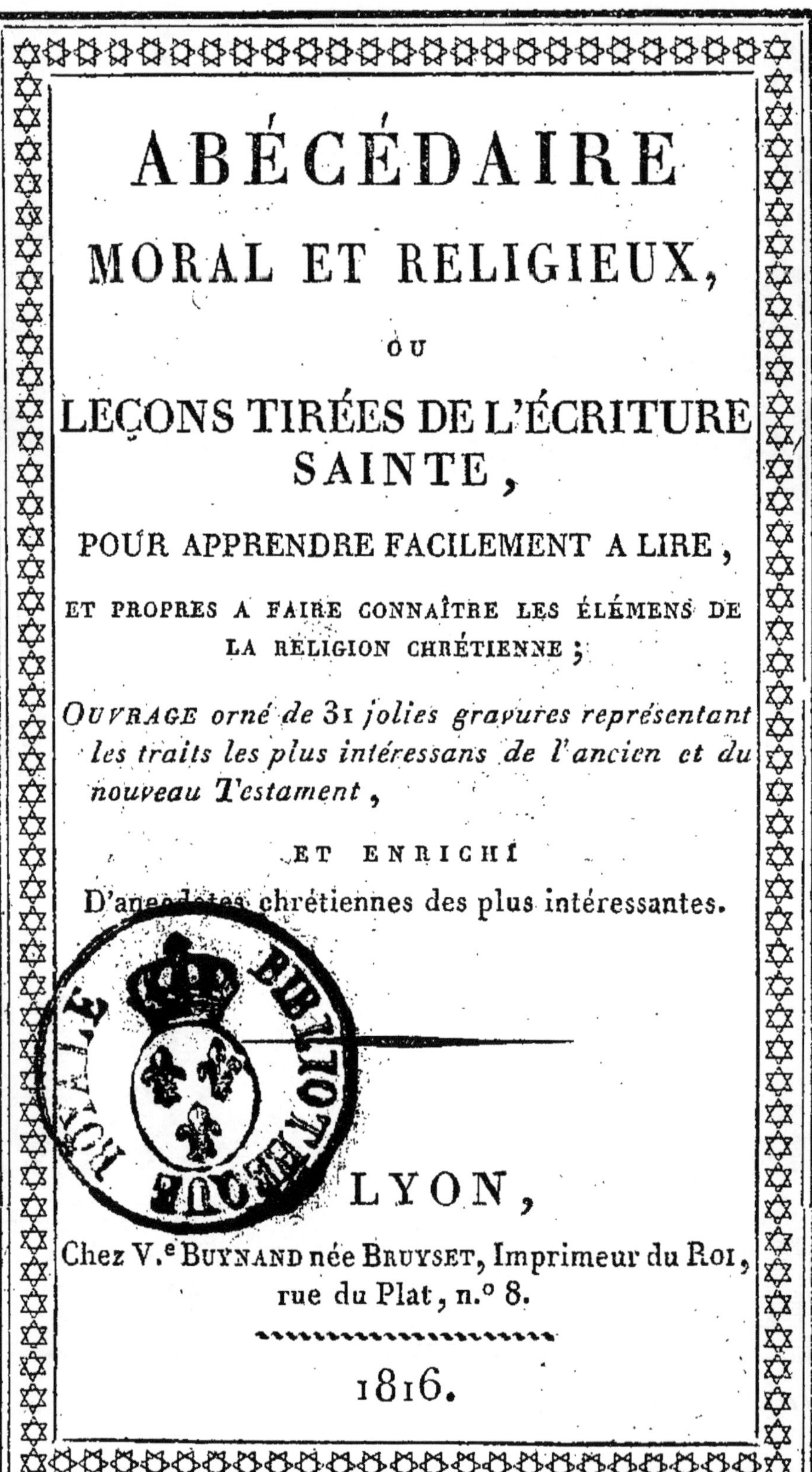

ABÉCÉDAIRE MORAL ET RELIGIEUX,

OU

LEÇONS TIRÉES DE L'ÉCRITURE SAINTE,

POUR APPRENDRE FACILEMENT A LIRE,

ET PROPRES A FAIRE CONNAÎTRE LES ÉLÉMENS DE LA RELIGION CHRÉTIENNE ;

OUVRAGE orné de 31 jolies gravures représentant les traits les plus intéressans de l'ancien et du nouveau Testament,

ET ENRICHI

D'anecdotes chrétiennes des plus intéressantes.

LYON,

Chez V.e BUYNAND née BRUYSET, Imprimeur du ROI, rue du Plat, n.o 8.

1816.

INTRODUCTION.

LE grand art de l'instruction est moins de donner de bonnes leçons, que de les faire aimer. Rien n'est plus dangereux que d'inspirer de l'ennui aux enfans, quand on peut prendre avec eux une autre route. Quand une fois on leur a rendu l'étude odieuse, on ne fait plus que les tourmenter, sans qu'ils en retirent un grand profit. Il est nombre d'enfans qu'on ne peut instruire que par une contrainte continuelle; mais il n'en faut pas moins alléger la chaîne qui les retient; il faut les encourager, leur rendre justice avec plaisir quand ils le méritent, leur laisser croire qu'ils ont quelquefois assez bien rempli leur devoir, pour ne pas les décourager, et semer quelques fleurs sur un travail dont ils ne connaissent pas encore tout l'avantage. C'est sur-tout dans les commencemens qu'il faut cacher les épines sous les roses ; faites un jeu de l'étude, et l'enfant vous écoutera sans peine, et s'instruira sans s'en apercevoir.

On a imaginé nombre de jeux pour intéresser les enfans aux premiers élémens de la lecture. Les plus simples sont les meilleurs. Il suffit de quelques cartes sur lesquelles sont d'abord des lettres seules, ensuite des syllabes, et enfin des mots. On les remet à l'enfant pour s'en amuser ; on les lui fait jeter sur une table l'une après l'autre, en lui demandant de les nommer. S'il y a plusieurs enfans, on leur donne à chacun un paquet, et ils jouent tour-à-tour. On marque les fautes, et celui qui en a fait le moins est le vainqueur. On lui donne une petite récompense. Voilà un jeu, un amusement qui deviendra tout aussi vif que les autres.

On ne s'apercevra jamais que c'est une leçon que vous voulez donner, et cependant on s'instruira, on saura toutes les lettres, épeler et lire les mots. Alors on aura recours au livre qui d'abord aurait rebuté ; on montrera des estampes, elles plaisent toujours aux enfans; ils voudront en avoir l'explication ; on les engagera doucement à la lire ; la curiosité les y portera naturellement; et par ces moyens faciles, qui ne demandent qu'un peu de patience et de douceur, on aura conduit les enfans jusqu'à lire assez couramment.

Lorsque les enfans montrent certaines dispositions et quelque facilité à apprendre, on pourrait leur faire écrire les lettres en même temps qu'ils les apprennent; cette méthode tournerait entièrement à leur profit.

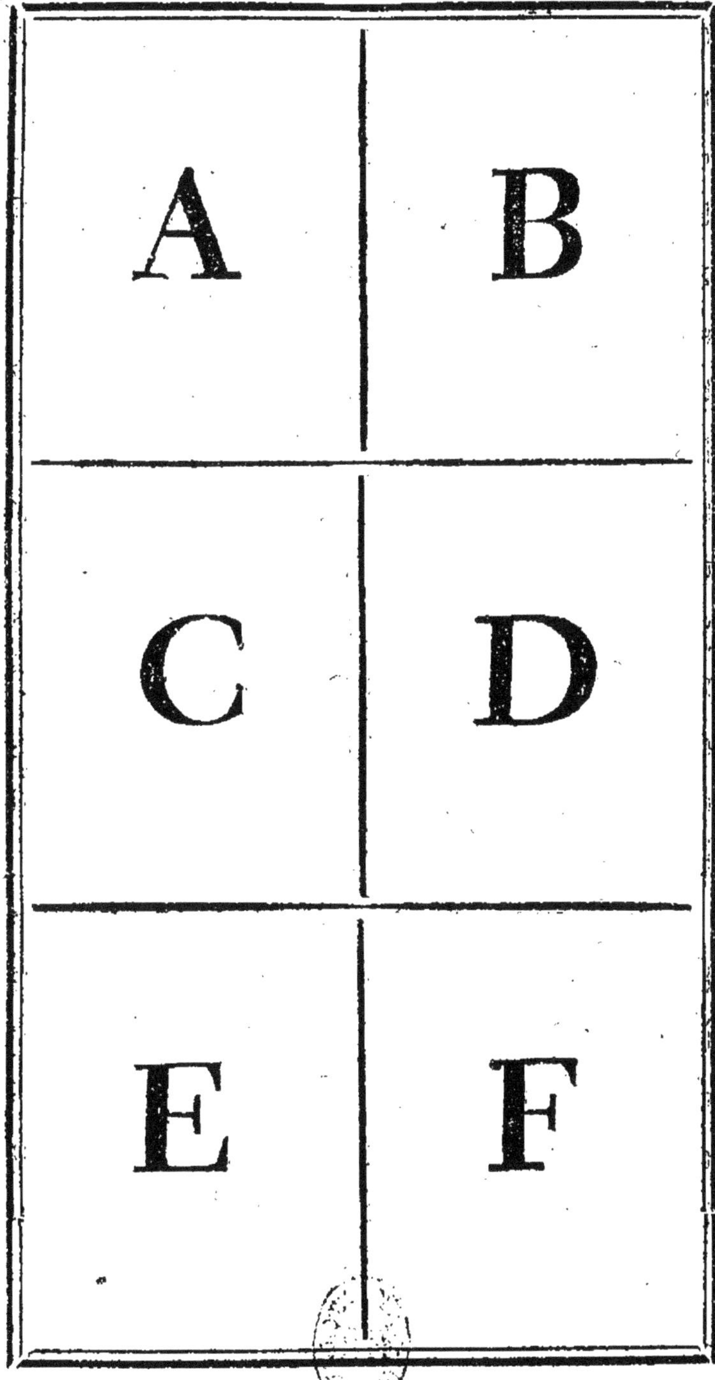
A
B
C
D
E
F

G	H
I	K
L	M

N	O
P	Q
R	S

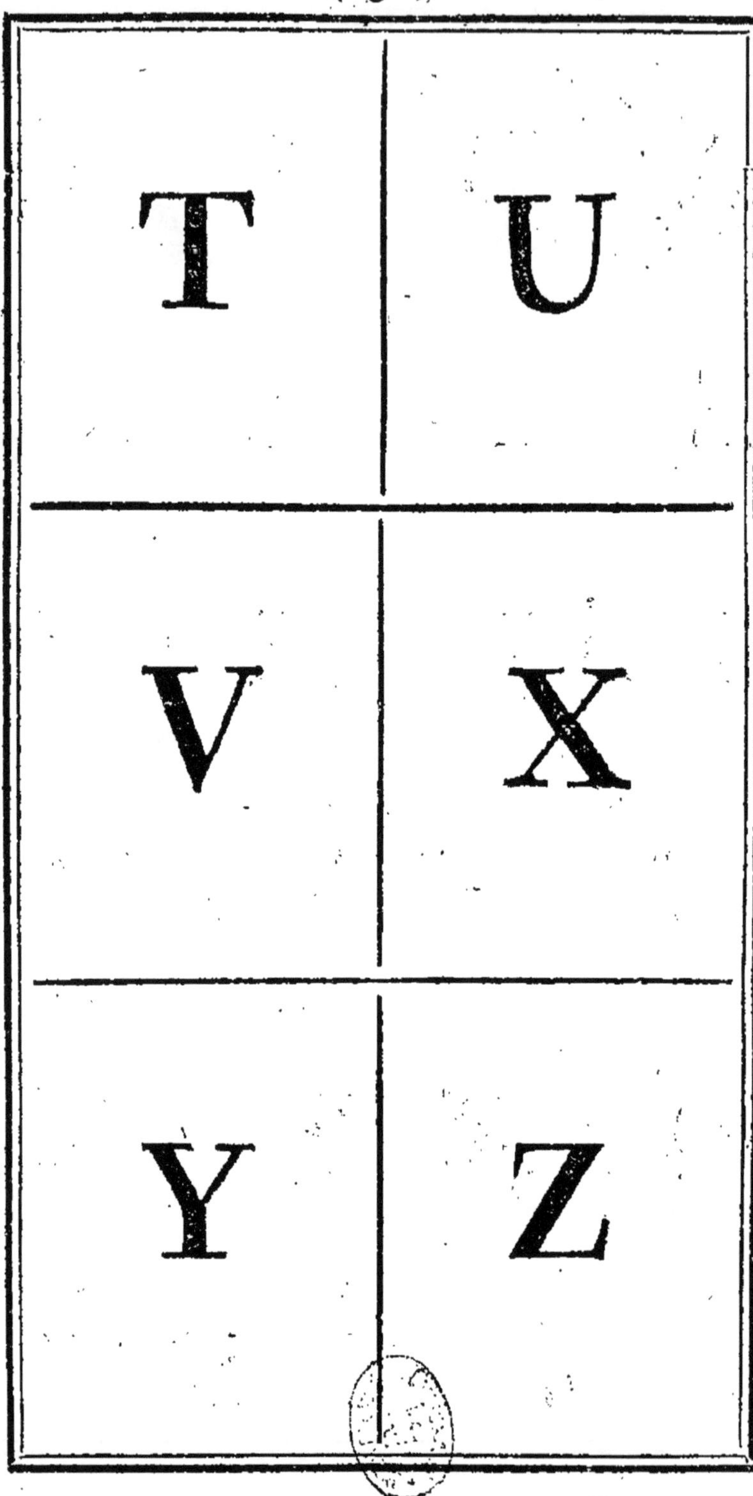
T
U
V
X
Y
Z

A B C D

E F G H

I J K L

M N O P

Q R S T

U V X Y Z.

a b c d

e f g h

i j k l

m n o p

q r s t

u v x y z.

LETTRES DE FINANCIÈRE.

a	b	c
d	e	f
g	h	i
j	k	l
m	n	o
p	q	r

s	*t*	*u*
v	*x*	*y*
z	*ct*	*w*
ff	*fi*	*ffi*
fl	*ffl*	*st*
ss	*si*	*ssi*

ALPHABET QUADRUPLE,

ou *Lettres majuscules et minuscules, courantes, italiques et manuscrites.*

A a *A a*	B b *B b*	C c *C c*	D d *D d*	E e *E e e*
F f *F f*	G g *G g*	H h *H h*	I i *J i*	J j *J j*
K k *K k*	L l *L l*	M m *M m*	N n *N n*	O o *O o*
P p *P p*	Q q *Q q*	R r *R r*	S s *S s s*	T t *T t t*
U u *V u*	V v *V v*	X x *X x*	Y y *Y y*	Z z *Z z*

a e i *ou* y o u

ba be bi bo bu

ca ce ci co cu

da de di do du

fa fe fi fo fu

ga ge gi go gu

ha he hi ho hu

ja je ji jo ju

ka ke ki ko ku

la le li lo lu

ma	me	mi	mo	mu
na	ne	ni	no	nu
pa	pe	pi	po	pu
qua	que	qui	quo	quu
ra	re	ri	ro	ru
sa	se	si	so	su
ta	te	ti	to	tu
va	ve	vi	vo	vu
xa	xe	xi	xo	xu
za	ze	zi	zo	zu

Mots les plus faciles à épeler.

Sons simples.

Pa pa. Papa.

A mi. Ami.

Mi di. Midi.

De mi. Demi.

Bo bo. Bobo.

Co co. Coco.

Ce la. Cela.

Ce ci. Ceci.

Jé sus. Jésus.

A bat tu. Abattu.

Nu mé ro. Numéro.

Zé ro. Zéro.

O pé ra. Opéra.

Pi lo ti. Piloti.

Sons composés.

Mon.

Mou.

Mur.

Car.

Cor.

Nos.

Dos.

Moi.

Toi.

Soi.

Lui.

Jou jou.

Ver.

Au.

Mal.

Tel.

Sons plus composés.

Lourd.	Peaux.
Lent.	Gain.
Loin.	Frein.
Vert.	Long.
Leur.	Court.
Corps.	Vent.
Vous.	Dans.
Nous.	Doit.
Mien.	Voit.
Tien.	Liard.
Sien.	Pied.
Eau.	Dieu.
Peau.	Fier.
Maux.	Jouer.
Louis.	Puant.

Suer.	Suave.
Muet.	Foin.
Nuit.	Pion.
Juin.	Fouet.

Mots plus difficiles à épeler.

EXEMPLES *de l'*e *muet.*

Mon de.

Pou le.

Ter re.

Fem me.

Lu ne.

Fi o le.

On de.

Vi e.

Jo li e.

En vi e.

Vu e.

Signes de ponctuation et Accens.

,	Virgule.
.	Point.
;	Point-Virgule.
:	Deux-Points.
?	Point d'interrogation.
!	Point d'exclamation.
'	Apostrophe.
-	Trait d'union.
( )	Parenthèses.
[ ]	Crochets.
§	Paragraphe.
¶	Pied de mouche.
»	Guillemets.
ç	Cédille.
´	Accent aigu.
`	Accent grave.
^	Accent circonflexe.

Emploi de l'accent aigu (´).

EXEMPLES.

É co le.	Cré an ce.
É cor ce.	Cré a teur.
Fer me té.	Ré gent.
Fi er té.	Ré fé ré.

Emploi de l'accent grave (`).

EXEMPLES.

Mè re.	Pro grès.
Pè re.	Suc cès.
Mi sè re.	A près.

Emploi de l'accent circonflexe (^).

EXEMPLES.

Pâ te.	Maî tre.
Tê te.	Cô te.
Mê me.	Dô me.
Gî te.	Bû che.

Emploi du tréma, ainsi (¨)

EXEMPLES.

Ha ïr.	Sa ül.
A ï eul.	Mo ï se.
E sa ü.	Na ïf.
Po ë te.	Si na ï.

Mots à épeler.

Blâ mer.	Fla gel la tion.
Bru nir.	Fran ce.
Sem bla ble.	Gram mai re.
Croi re.	Glan de.
Clai ron.	Hom me.
Chat.	Hym ne.
Chi en.	Il lu si on.
Droi tu re.	Il lus tre.
Crain dre.	Jar din.

Jour dain.

Jour dain.
Ka rat.
Pris.
Plis.
Plon ger.
Ca dran.
Qua dru pè de.
Quai.
Qua li té.
Que.
Qui.
Quel con que.
Ques ti on.
Quoi.
Rhô ne.
Saint.
Rai son.

Pe ser.
Plu si eurs.
Ruis seau.
Mes se.
Pes te.
Pé ti ti on.
Ra ti on.
Tho mas.
Tout.
Pe tit.
Vi o len ce.
Vir gi ni té.
Va ri a ti on.
Wal bourg.
Wal lons.
War wick.
Xa vi er.

E xer ci ce.	Yeux.
Lu xe.	Yeu se.
A xe.	Y pé ca cua nha
Zo di a que.	Mo yen.
Zin zo lin.	Syl la.
Zig zag.	Py tho nis se.

Cas où l'on prononce ch *comme si c'était un* k.

Or ches tre.
Cho ris te.
Chré ti en.
Chro ni que.
Chi ro man ci e.

Le ç *prononcé comme deux* ss.

Re çu.
Su ço ter.

Gar çon.

Fa ça de.

For çat.

Fran çais.

G *mouillé.*

Rè gne.

Pei gne.

Ro gnon.

Oi gnon.

Com pa gni e.

Cam pa gne.

L *mouillée.*

Fil le.

Mouil ler.

Cueil lir.

Re cueil.

Feuil le.

Fail lir.

Ail.

O seil le.

Prononciation de ph *comme si c'était une* f.

Phi lo so phe.

Phy si que.

Phra ṣe.

H *aspirée.*

Hé ros.

Hé rault.

Har di.

Lettres doubles.

Mu sæ.

Œil.

Œil let.

Œuf.

Vœu.

Nœud.

Cœur.

Œ cu mé ni que.

X *prononcé comme* s.

Au xer re.

Six.

Dix.

PRONONCIATION DU LATIN.

Observations préliminaires sur la prononciation des mots latins.

Et se prononce comme s'il y avait écrit *ete*.

Toutes les voyelles se prononcent séparément, quoiqu'il n'y ait point d'accens dessus.

Toutes les autres lettres se font aussi sentir plus fortement que dans le français ; l'on prononce :

Ave. . . . . . comme s'il y avait *Avé*.
Benedicite . . . . *Bénédicité*.
Deus . . . . *Déus*.
Involo . . . . *Inevolo*.
Enim . . . . *Enime*.
Aiunt . . . . *Aïunte*.
Introibo . . . . *Inetroïbo*.
Prout . . . . *Proüte*.
Quousque . . . . *Koücekïié*.

Unda	*Onda.*
Mundus	*Monduce.*
Deum	*Déome.*
Summus	*Sommuce.*
Agnus	*Aguenuce.*
Lingua	*Lingoua.*
Quando	*Kouando.*
Quarum	*Kouarume.*
Qui	*Kuï.*
Quæ	*Kué.*
Intende	*Inetendé.*
Nomen	*Nomène.*
Laudate	*Laudaté.*
Nunc	*Nunk.*
Amat	*Amate.*
Charitas	*Karitace.*
Gratia	*Grassia.*

Phrases à épeler.

Il faut ai mer son prochain com me soi-mê me.

Je pri e Dieu pour mon pa pa et ma man.

Fai sons le bien pour le mal.

Dieu n'ai me pas les méchans en fans.

L'oi si ve té a mè ne tous les vi ces.

C'est Dieu qui a cré é le ci el, la ter re, les eaux, les plan tes, les a ni maux et l'hom me lui-mê me. C'est Dieu qui est le maî tre de tout, et c'est lui seul qu'il faut a do rer.

Ne man gez et ne bu vez ja mais sans pen ser que c'est de Dieu que vous te nez tous les bien faits.

Bé nis sez ceux qui vous per sé cu tent, a dit Jé sus-Christ.

Phrases à lire.

Bienheureux sont les pauvres d'esprit, parce que le royaume des cieux est à eux.

Bienheureux ceux qui sont doux, parce qu'ils possèderont la terre.

Bienheureux ceux qui ont faim et soif de la justice, parce qu'ils seront rassasiés.

Bienheureux ceux qui sont miséricordieux, parce qu'ils obtiendront miséricorde.

Bienheureux ceux qui ont le cœur pur, parce qu'ils verront Dieu.

Bienheureux les pacifiques, parce qu'ils seront appelés enfans de Dieu.

Bienheureux ceux qui souffrent persécution pour la justice, parce que le royaume des cieux est à eux.

L'ENFANT PRODIGUE.

PARABOLE.

Un homme ayant deux fils, le plus jeune des deux pria son père de lui donner la part qu'il pouvait prétendre à son héritage; et s'étant retiré d'auprès de lui, il alla dans un pays où il dépensa tout son argent en vivant dans la débauche.

Une grande famine étant ensuite survenue, il en fut si pressé, que ne sachant plus comment vivre, il se mit au service d'un des habitans, qui l'envoya à sa maison de campagne pour y garder les cochons.

Ce fut dans cette occupation si basse, qu'il sentit quelle était sa misère; car il désirait même de se rassasier de ce qu'on donnait aux cochons, et personne ne lui en offrait.

Alors il rentra en lui-même, et se dit avec douleur : Hélas! combien de mercenaires ont maintenant du pain en abondance dans la maison de mon père ; et moi, je meurs de faim ici! Il faut que j'aille retrouver mon père, je me jetterai à ses pieds, et je lui dirai : Je vous ai offensé, mon père, ainsi que le ciel ; je ne mérite plus d'être regardé cumme votre fils ; recevez-moi seulement dans votre maison, et mettez-moi au rang de vos serviteurs.

Avec cette bonne résolution, il retourna dans son pays. Il était encore loin lorsque son père l'aperçut : un père ne peut jamais haïr son fils ; celui-ci n'eut pas plutôt vu l'enfant prodigue, qu'il oublia toutes ses fautes, et s'empressa de le serrer dans ses bras, et de lui pardonner. Il s'écria à ses serviteurs : Apportez promptement le plus beau vêtement de mon fils ; qu'on lui donne une chaussure, et qu'on lui mette un anneau au doigt. Amenez le veau gras ici; tuez-le; faisons bonne chère, et réjouissons-nous.

Le fils aîné, qui avait toujours vécu en bon fils, eut un peu de jalousie, lorsqu'en revenant des champs il entendit le son des instrumens, et vit toute la joie du festin. Il ne pouvait concevoir qu'on fît tant de réjouissances pour un jeune homme qui avait abandonné son père, mangé tout son héritage, et qui ne revenait à la maison paternelle que parce qu'il ne pouvait plus vivre ailleurs.

Mais le père n'eut pas plutôt su ce qui se passait dans son cœur, qu'il lui fit entendre que tous les enfans étaient également chers à un bon père. Il lui dit : Mon fils, votre frère était mort, et il est ressuscité ; il était perdu, et il est retrouvé ;

voilà pourquoi nous nous réjouissons.

C'est par cette parabole que Jésus-Christ fait entendre aux hommes que le repentir nous fait rentrer en grâce devant Dieu, et que le bonheur céleste appartient autant à ceux qui font pénitence qu'à ceux qui n'ont point péché.

1.e L.^n La Création du Monde

2.e L.^n La Création de la Femme

LEÇONS
Tirées de l'ancien et du nouveau Testament.

PREMIÈRE LEÇON.
La création du Monde.

Dieu tira le monde du néant; c'est-à-dire, que par sa puissance suprême, il forma de rien tout ce que nous voyons, et ce qu'il nous est impossible de voir. Ce fut en six jours qu'il composa ce grand ouvrage. Au premier jour, après la création du ciel et de la terre, il voulut que la lumière fût faite, et la lumière exista; au second jour, il fit le firmament, qu'il appela le ciel; au troisième jour, il sépara la terre d'avec les eaux; au quatrième, il fit le soleil, la lune et les étoiles; au cinquième, il fit les poissons dans les eaux, et les oiseaux qui volent dans les airs; au sixième jour, Dieu ordonna à la terre de produire les animaux qui devaient l'habiter, et voulut couronner son travail par la création de l'homme, son chef-d'œuvre et la plus parfaite des créatures, parce qu'elle seule est capable de connaître et d'aimer son Créateur; enfin, le septième jour, Dieu se reposa, et c'est pour cette raison que ce jour fut consacré au repos et à rendre grâces à la Divinité.

DEUXIÈME LEÇON.

Formation de la Femme.

QUAND Dieu eut fait l'homme à son image et à sa ressemblance, et qu'il eut répandu en lui un souffle de vie, il le mit dans le paradis terrestre, lieu de délices où l'on touvait les arbres et les fruits les plus beaux. Il donna à *Adam*, qui fut le premier homme, l'empire sur tous les animaux. Il lui permit de disposer de tous les fruits de la terre à sa volonté, en exceptant ceux d'un seul arbre; c'était l'arbre de la science du bien et du mal. Dieu voulait par là, dit l'écriture, éprouver la soumission et la docilité du premier homme. Après cela, le Créateur ne trouvant pas bon que l'homme fût seul, il envoya un sommeil divin à Adam, et il forma avec une de ses côtes une femme qu'il nomma *Ève*, et qu'il amena ensuite devant Adam, pour qu'il en fît sa compagne.

3.e L.n Chute d'Adam

4.e L.n Punition d'Adam

TROISIÈME LEÇON.

Chute d'Adam.

C'ÉTAIT du limon de la terre que Dieu avait créé le premier homme. Il fut d'abord fidèle, ainsi que sa compagne, au commandement de Dieu : mais le démon ne pouvant voir deux créatures innocentes et soumises, prit la figure du serpent, s'adressa à la femme, et lui fit entendre que Dieu ne leur avait défendu de manger du fruit de l'arbre de la science *du bien* et *du mal*, que parce qu'il n'ignorait pas que, dès qu'ils en auraient goûté, ils deviendraient eux-mêmes des Dieux. Ève se laissa séduire : elle regarda les fruits, et les trouva si beaux, qu'elle en mangea. Elle en fit ensuite manger à Adam, qui n'eut pas la force de résister. C'est de cette désobéissance de nos premiers parens qu'est venu dans le monde *le péché originel*, par lequel l'homme est coupable, même avant que de naître. La faute d'Adam a rejailli sur toute sa postérité, et en punition de sa faute nous sommes tous dévoués à une mort inévitable.

QUATRIÈME LEÇON.

Punition d'Adam et d'Ève.

ADAM et Ève n'eurent plus que des peines après leur crime. Tout était changé autour d'eux. Ils n'osèrent plus se présenter aux yeux de Dieu qu'ils avaient offensé ; leur conscience les tourmentait ; les animaux les fuyaient ou les menaçaient de leur faire la guerre. Pour comble de maux, Dieu leur envoya un ange ayant une épée flamboyante à la main, et qui les chassa du paradis terrestre. Tout honteux, ils allèrent chercher une autre demeure. Mais la terre ne produisait plus rien sans travail ; pour la première fois, il fallait se défendre contre les bêtes féroces, supporter les fatigues, le chaud, le froid, la faim, la soif, la douleur, les maladies. Ainsi, au milieu de tant de biens qu'ils avaient reçus de Dieu, ils n'eurent plus de lui que des châtimens, parce que quand on est juste, on ne peut aimer les méchans.

5.^{en} L. Meurtre d'Abel

6.^{en} L. Le Déluge et l'Arche de Noé

CINQUIÈME LEÇON.

Meurtre d'Abel.

ADAM et Ève eurent des enfans, mais ils naquirent dans le péché, et furent méchans. Caïn, le premier né, éprouva pour Abel son frère un sentiment profond de haine, parce qu'Abel était plus juste que lui, et par conséquent plus agréable à Dieu. Abel était berger, et offrait ses plus beaux moutons en sacrifice au Seigneur. Caïn cultivait la terre, et offrait aussi des fruits; mais Dieu, qui connaissait le cœur des deux frères, ne voyait avec plaisir que les offrandes d'Abel. Caïn, que la jalousie rendait plus injuste encore, dit à son frère : Allons dans les champs; et là il lui chercha querelle, se jeta sur lui et le tua. Au retour de Caïn, Dieu lui demanda ce qu'il avait fait de son frère; mais le méchant, trop endurci pour se repentir, répondit qu'il n'en était pas le gardien. Alors Dieu lui déclara qu'il serait maudit et fugitif par toute la terre, et que par-tout aussi le sang de son frère innocent s'élèverait contre lui. Voulant montrer par cet exemple terrible, qu'il serait le vengeur du sang injustement répandu, et le protecteur de l'innocence persécutée.

SIXIÈME LEÇON.

Le Déluge et l'Arche de Noé.

Les hommes, en se multipliant, multiplièrent aussi les crimes sur la terre. Dieu toujours bon, vit ces désordres avec une douleur profonde, et se repentit d'avoir fait l'homme. Alors il résolut d'anéantir tous les habitans de la terre. Un seul juste, Noé, trouva grâce devant lui. Il lui dit de bâtir une grande maison de bois qui fut appelée *Arche*, qui pût flotter sur les eaux qui allaient inonder la terre entière. Cette arche exigea cent ans de travail. Quand elle fut achevée, Noé y mit sept paires d'animaux purs, deux des impurs, et y entra avec sa femme, ses trois fils Sem, Cham et Japhet, et leurs trois femmes. Alors, Dieu en ayant fermé la porte, la pluie tomba avec une telle abondance pendant quarante jours, que l'eau surpassa de quinze coudées les plus hautes montagnes. Tout ce qui avait vie périt, à l'exception de Noé, de ses enfans et des animaux qu'ils avaient conservés, et qui repeuplèrent la terre.

7.e L.n La Tour de Babel

8.e L.n Sacrifice d'Abraham

SEPTIÈME LEÇON.

La Tour de Babel.

Les enfans de Noé multiplièrent bientôt au point de ne pouvoir plus vivre tous dans le même lieu. Forcés de se séparer, ils s'avisèrent alors d'un projet qui marque en même temps leur folie et leur vanité. Ils voulurent bâtir une ville pour éterniser leur nom, et une tour si haute, qu'ils pussent se défendre contre Dieu même, en cas d'un nouveau déluge. Mais Dieu qui se rit des desseins des hommes, confondit leur langage à un tel point, qu'ils ne pouvaient plus s'entendre entre eux, et furent obligés de se disperser sur la terre sans avoir terminé leur folle entreprise. L'ouvrage de leur vanité resta imparfait, et on donna à la tour le nom de *Babel*, c'est-à-dire de *confusion*, pour rappeler la confusion des langues que Dieu opéra.

HUITIÈME LEÇON.

Sacrifice d'Abraham.

DIEU voulant qu'il y eut une race choisie et fidelle qui ne finirait jamais, prit Abraham pour en être le chef, et l'avertit que de lui naîtrait une postérité nombreuse, et que son épouse Sara, qui avait alors quatre-vingt-dix ans, aurait un fils. Abraham, plein de confiance dans la toute-puissance de Dieu, se confia en sa promesse, et eut Isaac. Trente-sept ans après, le Seigneur voulant éprouver la fidélité de son serviteur, lui ordonna de sacrifier sur une montagne ce fils unique. Quoiqu'en se rappelant la promesse de Dieu, de le rendre père d'un peuple nombreux, Abraham ne balança pas et se soumit sans murmurer. Dieu, touché de son obéissance, envoya un ange qui retint son bras prêt à frapper la victime, et lui ordonna de sacrifier en place d'Isaac un belier qui était dans un buisson voisin.

9.e L.n Joseph vendu par ses frères

10.e L.n Joseph élevé en gloire

NEUVIÈME LEÇON.

Joseph vendu par ses frères.

JOSEPH, l'un des plus jeunes enfans de Jacob, fils d'Isaac, s'attira l'inimitié de ses frères, parce que dans deux songes qu'il eut, et qu'il leur raconta, il leur fit pressentir sa grandeur future. Poussés par cette basse envie, si commune aux ames peu chrétiennes, ils résolurent aussitôt de le perdre; et un jour que Jacob l'envoyait vers eux en Sichem, où ils gardaient leurs troupeaux, ils le jetèrent dans une vieille citerne où il n'y avait pas d'eau; mais ils l'en retirèrent presque aussitôt, pour le vendre à des marchands ismaélites qui passaient. Ils envoyèrent ensuite sa robe, teinte du sang d'un chevreau, à leur père Jacob, pour lui faire croire que les bêtes féroces avaient dévoré leur frère. Le jeune Joseph fut donc réduit en esclavage. La femme de Putiphar, son maître, eut sur lui des vues criminelles; mais, ayant été trompée dans son attente, elle accusa devant Putiphar le vertueux Joseph, qui fut mis en prison.

DIXIÈME LEÇON.

Joseph élevé en gloire.

JOSEPH dans les fers, et fort de son innocence, se soumit à sa destinée; il savait que le juste doit tout espérer de la Providence, car c'est du sein même du malheur et de l'humiliation que Dieu tire ses serviteurs fidèles pour les élever. Joseph ayant expliqué les songes de deux officiers de Pharaon, roi d'Egypte, qui étaient en prison avec lui, l'un d'eux étant rentré en grâce, parla de Joseph au roi, qui avait eu deux songes qui l'inquiétaient beaucoup. Pharaon fit venir l'esclave, et lui raconta ses deux songes. Joseph lui dit qu'ils annonçaient sept années d'abondance et sept années de stérilité, et il lui conseilla d'amasser tout le blé qu'il pourrait pendant le temps heureux, pour prévenir la famine épouvantable qui le menaçait. Étonné de sa sagesse, plein de reconnaissance pour un conseil si utile, Pharaon crut que personne ne pouvait mieux exécuter que lui ce qui était nécessaire, et il lui donna une pleine autorité sur l'Egypte.

11.e L.n Joseph reconnu par ses frères

12.e L.n Moise preservé des Eaux

ONZIÈME LEÇON.

Joseph reconnu par ses frères.

Après les sept années d'abondance, la famine fut si grande, qu'elle se fit sentir en Chanaan. Jacob envoya ses enfans en Egypte pour y acheter du blé, et ne garda auprès de lui que le plus jeune. Joseph craignant qu'ils n'eussent traité comme lui le petit Benjamin, feignit de prendre ses frères pour des espions, et retint Siméon pour prisonnier, jusqu'à ce qu'ils lui eussent amené Benjamin. Quand il l'eut vu au second voyage, il les renvoya en faisant remettre leur argent dans leurs sacs, et en faisant glisser furtivement une coupe d'argent dans le sac de Benjamin. Il fit ensuite courir après eux, comme s'ils l'eussent eu volé; et voyant leur embarras, et sur-tout leur douleur, lorsqu'il parla de retenir Benjamin, il se fit reconnaître, les combla de présens, et exigea qu'ils revinssent près de lui avec leur vieux père. Pharaon leur envoya ses chariots, et leur fit une réception magnifique. Joseph oubliant la méchanceté de ses frères, prouve combien l'homme pénétré de l'esprit de Dieu, est supérieur à ses semblables.

DOUZIÈME LEÇON.

Moïse préservé des eaux.

Joseph commanda quatre-vingts ans. Après sa mort, un autre roi, nommé aussi Pharaon, prit en aversion le peuple de Dieu. Il le réduisit en esclavage ; et, pour l'anéantir, il ordonna même qu'on jetât tous les enfans mâles dans les eaux du Nil. Jocabel, femme d'Amram, eut un enfant si beau, qu'elle mit tout en œuvre pour le sauver. Après l'avoir gardé trois mois, elle se vit forcée de s'en séparer et de s'en remettre à la Providence du salut de son fils. Elle fit un berceau de jonc, plaça l'enfant dedans, et fut l'exposer sur le bord du Nil, en priant sa sœur de se tenir entre les roseaux, pour savoir ce qui lui arriverait. Ce fut la fille même du roi, qui venait avec ses femmes pour se baigner, qui trouva l'enfant. Elle fut si charmée de sa beauté, qu'elle voulut le faire élever comme son fils, et le nomma *Moïse*, mot qui veut dire *préservé des eaux*. Jocabel même, sur l'avis de sa sœur, se présenta comme nourrice. L'enfant fut ensuite élevé dans le palais même de Pharaon.

13.e L[u]. Délivrance des Hébreux

14.e L[n]. Table des Loix.

TREIZIÈME LEÇON.

Délivrance des Hébreux.

Ce fut ce même enfant préservé par miracle, qui dans la suite, par l'ordre de Dieu, tira le peuple Hébreu de l'esclavage. Il vint trouver Pharaon pour lui en faire la proposition; mais ce roi répondit qu'il ne le connaissait point. Pour l'y contraindre, Dieu permit que l'Egypte fût affligée de plusieurs malheurs, qu'on nomme les dix plaies d'Egypte. Pharaon enfin connut la puissance divine, et permit aux Hébreux de se retirer avec tout ce qui leur appartenait; mais bientôt il s'en repentit, et résolut de les poursuivre. Arrivés dans un désert où ils ne voyaient d'un côté que la mer, et de l'autre que l'armée ennemie, les Hébreux se crurent perdus; mais Moïse étendit sa verge sur les eaux, et elles se séparèrent pour les laisser passer. Les Egyptiens crurent pouvoir suivre la même route, mais ils périrent tous dans la mer Rouge.

QUATORZIÈME LEÇON.

Table des lois.

LA reconnaissance est une dette que les hommes acquittent rarement : aussi les Hébreux furent-ils souvent ingrats ; ils osèrent murmurer contre Moïse, et même contre Dieu. Ils portèrent l'impiété jusqu'à renoncer à lui, pour adorer des idoles d'or et d'argent. Dieu ne se démentit point dans sa bonté ; il leur donna par le moyen de Moïse, les lois qu'ils devaient suivre ; et, pour punition, il se contenta de les retenir dans le désert ; et ce ne fut que quarante ans après, et lorsque Moïse était mort, qu'ils entrèrent dans la terre promise, sous la conduite de Josué. Ils se conduisirent d'abord par leurs lois ; mais ensuite ils demandèrent des rois, et le prophète Samuel sacra Saül.

15.e L.n Le Roi David

16.e L.n Mort d'Absalon

QUINZIÈME LEÇON.

Le Roi David.

SAÜL ayant désobéi à Dieu, perdit sa protection toute-puissante, qui fut transportée à David, le plus jeune fils d'Isaï, qui faisait paître ses troupeaux, lorsque Samuel, par l'ordre du Seigneur, le demanda pour le sacrer : Dieu voulant donner à connaître par ce choix, que c'était la vertu seule qui était digne de régner. Du moment que l'esprit du Seigneur s'était retiré de Saül, il était sans cesse sombre et tourmenté, et David fut appelé à sa cour pour jouer de la harpe devant lui. Il rendit le repos à Saül, et s'en fit beaucoup aimer. Mais après sa victoire sur le géant Goliath, qu'il tua d'un coup de pierre, Saül lui porta envie, et voulut le faire périr. Ce ne fut qu'après qu'il eût été tué dans un combat contre les Philistins, que David fut reconnu pour roi des Juifs, et qu'il épousa sa fille.

SEIZIÈME LEÇON.

Mort d'Absalon.

DAVID, loin de se réjouir du malheur de son ennemi, fit couper la tête à celui qui vint se vanter devant lui d'avoir tué Saül. Il régna ensuite avec gloire, jusqu'au moment où il fit de grandes fautes. Dieu alors l'abandonna quelque temps : ses enfans commirent des crimes, et Absalon voulut le détrôner. Il avait déjà remporté une victoire considérable sur son père ; mais il fut défait à son tour, et en fuyant sur sa mule, ses cheveux s'embarrassèrent dans les branches d'un chêne, et il y resta suspendu. Joab le tua d'un coup de lance. David, oubliant l'avantage de la victoire, pleura la mort de son fils. Adonias, l'aîné de ses enfans, voyant sa grande vieillesse, voulut aussi se faire couronner ; mais David fit sacrer Salomon, qui régna si glorieusement après lui. Ce fut ce roi à qui Dieu offrit d'accorder tout ce qu'il désirerait, et qui demanda la sagesse pour bien gouverner ses états.

17.e Ln. Annonciation de la Vierge

18.e Ln. Naissance de Jesus-Christ

DIX-SEPTIÈME LEÇON.

Annonciation de la Vierge.

Le temps que Dieu avait marqué pour répandre sa miséricorde sur les hommes étant arrivé, il envoya l'ange Gabriel vers Marie, en Nazareth, où elle faisait sa demeure ordinaire. Elle était la femme d'un simple charpentier, nommé Joseph. L'ange parut devant elle, brillant de la lumière céleste : il la salua, en lui disant qu'elle était pleine de graces. Ces louanges la troublèrent; mais il la rassura, et lui annonça qu'elle enfanterait, par l'opération du Saint-Esprit, et sans cesser d'être vierge, un fils qu'elle nommerait Jésus, qui serait grand, qui régnerait dans la maison de Jacob, qui serait assis sur le trône de David son père, et dont le royaume n'aurait point de fin. Marie ayant entendu ces paroles, s'humilia, et répondit, avec une parfaite résignation: *Je suis la servante du Seigneur; qu'il soit fait selon votre parole.* Comme elle était déjà avancée dans sa grossesse, un édit de l'empereur Auguste, qui ordonnait le dénombrement des familles, la força d'aller avec son époux Joseph à Bethléem, où le Messie devait naître, suivant les prophètes.

DIX-HUITIÈME LEÇON.

Naissance de Jésus-Christ à la crêche.

Jésus-Christ, le Fils de Dieu, envoyé au monde par son père, pour sauver les hommes et leur prêcher la meilleure doctrine, aurait pu y paraître au milieu des palais, dans les richesses, entouré de tout ce que les hommes regardent comme grand. Mais Dieu qui aime la simplicité et la modestie, voulut le faire naître dans une étable, où la Vierge Marie le mit au monde sur de la paille, à côté d'un âne et d'un bœuf. Jésus-Christ, plein aussi de cette humilité, vécut modestement sous les yeux de ses parens, et très-soumis à leurs volontés; il ne prouva sa divinité que par ses bonnes actions. Par ce grand exemple, Dieu voulut prouver aux hommes que l'on peut faire beaucoup de bien sans être riche; et aux enfans, que c'est un devoir sacré pour eux d'être soumis et dociles.

19.e L^{n} Jesus parmi les Docteurs.

20.e L^{n} Baptême de Jesus Christ.

DIX-NEUVIÈME LEÇON.

Jésus parmi les Docteurs.

A peine Jésus-Christ sortait de l'enfance, qu'il s'assujettit au travail. Outre qu'il aidait son père nourricier dans ses travaux, il cherchait à s'instruire de tout ce qui était à sa portée; et il n'avait que douze ans quand il alla une fois avec Joseph et Marie à Jérusalem passer l'octave de Pâques. Ses parens partirent sans s'apercevoir qu'il était resté à Jérusalem. Ils retournèrent sur leurs pas le lendemain, et le trouvèrent, le troisième jour, dans le temple, au milieu des docteurs de la loi, leur faisant des questions avec une si grande modestie, et répondant aux leurs avec tant de justesse, qu'ils en étaient remplis d'admiration. Marie, qui avait éprouvé la plus vive douleur, lui fit de tendres reproches, auxquels il répondit qu'il se devait au service et aux intérêts de son père; ensuite il la suivit avec obéissance à Nazareth.

VINGTIÈME LEÇON.

Baptême de Jésus-Christ.

JÉSUS mena une vie obscure avec Joseph et Marie, jusqu'à l'âge de trente-deux ans. Ce fut alors qu'il se manifesta au monde. Jean-Baptiste, sortant du désert où il avait vécu jusqu'à ce jour, parut sur le bord du Jourdain, prêcha la pénitence, et baptisa tous ceux qui vinrent à lui. Jésus, toujours humble, vint avec la foule; mais St-Jean ne l'eut pas plutôt remarqué, qu'il se déclara indigne de le baptiser. Jésus lui dit que cette humiliation de sa part était nécessaire, et Jean le baptisa. Alors le ciel s'ouvrit, et Dieu fit descendre le Saint-Esprit sur Jésus-Christ, d'une manière visible et en forme de colombe. Jésus-Christ se retira aussitôt pour se cacher; mais St. Jean continua de parler de lui à tout le monde, et de l'annoncer comme le Messie tant désiré, dont la puissance et la loi devaient un jour s'étendre sur l'univers entier.

21.e L^n. Transfiguration de Jesus Christ

22.e L^n. La Cène

VINGT-UNIÈME LEÇON.

Transfiguration de Jésus-Christ.

JÉSUS, déjà connu par les prodiges les plus étonnans, voulut fortifier la foi de ses disciples, en leur donnant une idée de sa gloire dans le ciel. Un jour il prit avec lui St. Pierre, St. Jean et St. Jacques, qu'il affectionnait le plus, et il les mena sur une haute montagne. Tandis qu'il priait, son visage devint éclatant comme le soleil, et ses vêtemens plus blancs que la neige. Moïse et Elie parurent en même temps, et s'entretinrent avec lui. Une nuée éclatante les environna, et il en sortit une voix qui dit : *C'est là mon fils bien aimé, écoutez-le.* Saisis de frayeur, les disciples tombèrent le visage contre terre ; mais Jésus leur ayant dit de se lever, ils ne virent plus que lui seul, qui leur défendit en descendant de la montagne, de ne rien dire de ce qu'ils avaient vu.

VINGT-DEUXIÈME LEÇON.

La Cène.

La vertu est si persécutée par les méchans sur la terre, que Dieu lui-même, revêtu du corps d'un homme, trouva des ennemis. Les principaux des Juifs et les prêtres de la loi résolurent de perdre Jésus. Comme il ne l'ignorait point, il voulut faire auparavant la Cène avec ses disciples, c'est-à-dire manger l'agneau à la fête de Pâques, suivant la loi. Avant que l'on se mit à table, il s'humilia jusqu'à laver lui-même les pieds de ses disciples, en leur disant : *Je vous ai donné l'exemple, afin que vous vous fassiez tous les uns aux autres ce que je vous ai fait moi-même.* S'étant mis à table, il prit du pain, le bénit et le donna à ses disciples, en leur disant : *Ceci est mon corps.* Il en fit autant avec du vin, en leur disant : *Ceci est mon sang.* Lorsqu'on eut quitté la table, Judas, l'un de ses disciples, qui le trahissait pour quelque argent, fut avertir les Juifs qu'ils pouvaient le faire prendre.

23.e L.n Jesus au Jardin des Olives

24.e L.n Jesus Christ devant Anne et Caiphe

VINGT-TROISIÈME LEÇON.

Jésus au jardin des Oliviers.

En quittant la salle du festin, J. C. se rendit avec ses disciples sur la montagne des Oliviers. Il se fit suivre particulièrement de St. Pierre, St. Jacques et St. Jean; et ensuite s'étant éloigné d'eux d'un jet de pierre, après leur avoir ordonné de veiller, il se mit en prières. Un ange vint pour le consoler et le fortifier; il tomba alors le visage par terre, et il sortit de son corps une sueur de sang. Lorsqu'il revint à ses disciples, il les trouva endormis; il revint par trois fois les éveiller: mais à la troisième, Judas parut avec une grande troupe de gens armés, et il donna un baiser à Jésus, suivant le signal convenu, que celui qu'il baiserait serait celui-là même qu'il fallait prendre. On se saisit de lui aussitôt; et Jésus, qui était la douceur même, ordonna à St. Pierre qui voulait le défendre, de remettre son épée dans le fourreau.

VINGT-QUATRIÈME LEÇON.

Jésus-Christ devant Anne et Caïphe.

JÉSUS-CHRIST se laissa conduire chez Anne, beau-père de Caïphe, qui cette année-là était grand-prêtre. C'est là qu'il reçut un soufflet d'un officier, qui trouva mauvais qu'il répondit avec liberté. On le conduisit ensuite chez le grand-prêtre Caïphe, qui lui ayant entendu confirmer ce qu'il avait déjà dit, qu'il pouvait détruire et rebâtir le temple en trois jours, déchira ses vêtemens, en criant qu'il avait blasphémé, et tout le monde répondit qu'il avait mérité la mort. Aussitôt chacun s'empressa de l'outrager : les soldats lui crachèrent au visage, et lui couvrant les yeux, ils lui disaient de prophétiser qui l'avait frappé. La nuit s'étant écoulée avec ces cruelles humiliations, on le conduisit au jour chez Pilate, pour qu'il le condamnât à la mort.

25.e L.n Flagellation

26.e L.n Voila l'Homme

VINGT-CINQUIÈME LEÇON.

Flagellation.

PILATE, qui gouvernait pour les Romains, ne trouvant pas Jésus coupable, voulut le remettre aux Juifs, pour qu'ils le condamnassent suivant leur loi; mais dans leur acharnement criminel, ils produisirent de faux témoins qui dirent que c'était un séditieux qui soulevait le peuple. Pilate l'ayant encore interrogé, répéta qu'il ne le trouvait point coupable; alors ils crièrent de tous côtés: *Crucifiez-le! Crucifiez-le!* Dans cet embarras, Pilate envoya Jésus à Hérode, roi du pays, qui, s'étant attendu qu'il ferait devant lui quelque miracle, et se voyant trompé dans son attente, le méprisa et le regarda comme un insensé qu'il renvoya à Pilate, qui rendit encore une fois témoignage de son innocence aux Juifs furieux. Ce témoignage ne fut pas mieux reçu que les précédens. Alors Pilate, pour les contenter, ordonna qu'il fût frappé de verges, afin qu'ils le laissassent vivre ensuite. Pendant ce supplice douloureux et humiliant, Jésus fut outrageusement injurié par cette populace insubordonnée.

VINGT-SIXIÈME LEÇON.

Voilà l'Homme.

Les soldats ajoutèrent encore l'insulte aux tourmens de la flagellation : ils revêtirent Jésus d'une robe de pourpre, lui donnèrent un roseau pour sceptre ; et, lui ayant mis une couronne d'épines sur la tête, ils le saluèrent du titre de roi des Juifs ; enfin, ils le réduisirent en un tel état, que Pilate crut que sa présence seule adoucirait les Juifs. Il le leur amena, en disant : *Voilà l'Homme.* Alors ils crièrent plus que jamais, et demandèrent sa mort. Il leur proposa de le délivrer à cause de la fête de Pâques : ils ne voulurent point l'écouter, et furent même jusqu'à accuser ce gouverneur d'être peu partisan des intérêts de l'empereur. Trop faible pour être juste, il se fit apporter de l'eau et se lava les mains, pour dire qu'il était innocent de la mort de Jésus, et il le condamna à être crucifié. Exemple funeste d'un magistrat faisant mettre à mort un homme qu'il sait être innocent !

27.e L[n]. Portement de la Croix

28.e L[n]. Crucifiement

VINGT-SEPTIÈME LEÇON.

Portement de la Croix.

ENFIN, les Juifs étaient maîtres de la personne de Jésus-Christ, et ils n'eurent plus d'autres désirs que d'exécuter l'arrêt de mort qu'ils avaient eu tant de peine à obtenir. Leur fureur ne pouvant souffrir de retard, ils le chargèrent aussitôt de sa croix, et le firent sortir en cet état de Jérusalem, pour aller au mont Calvaire, qui était le lieu destiné aux supplices des scélérats. Mais voyant que Jésus-Christ, dont le corps était abattu par tant de travaux, succombait sous un aussi grand fardeau, ils engagèrent un homme nommé Simon, à la porter derrière lui. Ce fut ainsi qu'il arriva au Calvaire, parmi les insultes de tout un peuple qui le suivait.

VINGT-HUITIÈME LEÇON.

Crucifiement.

ARRIVÉ sur le Calvaire, on dépouilla Jésus, et on le coucha sur la croix entre deux voleurs. Ses persécuteurs prirent alors plaisir à l'insulter de nouveau. Toi, disaient-ils, qui détruits et rebâtis le temple en trois jours, que ne te sauves-tu donc? Il n'y eut pas même jusqu'aux larrons qui étaient crucifiés avec lui, qui ne l'outrageassent; un des deux cependant ouvrit les yeux, et pria Jésus de se souvenir de lui quand il serait dans le royaume du ciel. Tandis qu'on l'accablait ainsi d'injures, Jésus-Christ ayant vu la Ste. Vierge au pied de sa croix avec St. Jean, il lui dit: *Femme, voilà votre fils;* et à St. Jean, *Voilà votre mère.* Il jeta ensuite un grand cri, et dit: *Mon père, pourquoi m'avez-vous abandonné?* Il se plaignit bientôt qu'il avait soif; et après avoir pris un peu de vinaigre que lui présentèrent des soldats, il recommanda son ame à son père, baissa la tête et expira. Alors le soleil s'obscurcit, la terre trembla, les pierres se fendirent, les tombeaux s'entr'ouvrirent, etc.

29.e L.n Resurrection

30.e L.n Assension au ciel

VINGT-NEUVIÈME LEÇON.

Résurrection.

PLUSIEURS miracles manifestèrent à la mort de Jésus-Christ sa divinité. Joseph d'Arimathie et Nicodème demandèrent à Pilate son corps, et lui donnèrent la sépulture. Mais les Juifs demandèrent en même temps qu'on mît des gardes à son tombeau, dans la crainte qu'on ne l'enlevât, et qu'on ne dît ensuite qu'il était ressuscité. Le sépulcre fut donc gardé, et même on scella la pierre qui le couvrait. Mais, à la vue d'un ange plus brillant que le soleil, les gardes s'enfuirent, et Marie-Magdelaine vit bientôt Jésus lui-même, sous la figure d'un jardinier, qui lui demanda ce qu'elle avait à pleurer. S'imaginant qu'on avait enlevé son divin Maître, elle répondit que si c'était lui qui avait fait cette action, il lui apprît où il était caché. *Marie!* dit Jésus. A peine eut-il dit ce mot, qu'elle le reconnut, elle courut à lui pour embrasser ses pieds; le Sauveur l'en empêcha, et il lui ordonna d'aller apprendre à tous les disciples sa résurrection.

TRENTIÈME LEÇON.

Ascension au ciel.

JÉSUS parut depuis ce jour plusieurs fois à ses disciples, qui le prirent d'abord pour un fantôme. Il but et mangea avec eux, pour les convaincre entièrement. Enfin, le moment de quitter la terre étant arrivé, il vint au milieu d'eux, et leur déclara qu'il avait de nouveau reçu de son Père la toute-puissance dans le ciel et sur la terre. Il les envoya dans tout le monde prêcher l'évangile, baptiser toutes les nations, et leur apprendre à garder tout ce qu'il leur avait dit, leur promettant de demeurer toujours avec eux jusqu'à la fin des siècles. Après leur avoir fait ce commandement, il fut enlevé au ciel à leurs yeux; et en montant, il étendit ses mains sur ses apôtres, les bénit, et une nuée aussitôt le reçut et le cacha à ses disciples. Dix jours après cette glorieuse ascension, une langue de feu vint se reposer sur la tête de chacun d'eux. Ils furent tous remplis du Saint-Esprit, et ils parlèrent tout de suite différentes langues. Ils se dispersèrent ensuite, et allèrent prêcher l'évangile dans tout l'univers.

ANECDOTES CHRÉTIENNES.

Le jeune héros chrétien.

DURANT la persécution de l'empereur Valérien, un enfant nommé Cyrille, montra à Césarée en Capadoce, une sagesse et une force si supérieures à son âge, qu'on ne peut s'empêcher d'y reconnaître une opération sensible de l'Esprit divin qui l'éclairait et le soutenait. Comme il glorifiait publiquement le nom de Jésus-Christ, il eut d'abord à essuyer les dérisions des autres enfans, et les duretés de ses proches qui étaient païens; il fut même chassé de la maison paternelle, et destitué de tous secours. Mais les mauvais traitemens, les railleries et l'état d'abandon où il était réduit, ne lui firent rien perdre de sa foi et de sa ferveur. Pour triompher de sa fermeté, on le fit comparaître devant le juge, qui, après avoir employé inutilement les menaces et les caresses, ordonna, dans l'intention seulement de lui faire peur, qu'on le liât publiquement, comme pour le traîner au supplice. Le bienheureux enfant ne versa pas une larme, ne changea point de couleur; il s'avança au contraire avec empressement vers le feu où l'on feignait de vouloir le jeter; et quand on l'eut éloigné, et qu'il reparut devant le juge : « Tyran, » lui dit-il d'un air inspiré, tu m'as fait » injure, en me rappelant du trépas; » le fer et le feu sont les seuls dons » que je te demande. J'aspire à des ri» chesses que tu n'as pas le pouvoir » de me donner; ne m'en prive pas » plus long-temps par tes jeux et tes

» fourberies. » Les assistans fondaient en larmes en l'entendant ainsi parler. Mais il leur dit : « Vous devriez plu-» tôt vous réjouir, et prendre part » à mon triomphe. Vous ignorez quel » royaume m'est ouvert, et le bonheur » ineffable qui m'y attend. » Il souffrait la mort dans ces admirables dispositions ; et il prouva par son exemple que malgré la faiblesse de leur âge, les enfans même deviennent des héros, quand ils sont animés par la religion.

Ascendant de la vertu. Honneurs qu'on lui rend.

PEU de temps après que Maxime eut usurpé le trône de Gratien, saint Martin, évêque de Tours, vint à Trèves pour demander la grace de plusieurs personnes que leur attachement à l'empereur détrôné et assassiné par les partisans de Maxime, avait fait condamner à mort. Parmi ceux qui étaient à la cour, le plus grand nombre cherchait à captiver la bienveillance du prince par les manéges de l'adulation. Mais le saint évêque de Tours sut maintenir l'autorité que lui donnait son caractère. Quoiqu'il fût sujet de Maxime, reconnu empereur par Valentinien, et même par Théodose, il répugnait infiniment à communiquer avec ce prince ; et comme on l'invitait à sa table, il répondit généreusement qu'il ne pouvait manger avec celui qui avait enlevé à un empereur une partie de ses états, et la vie à l'autre. Une telle réponse devait naturellement irriter l'usurpateur ; mais tel est l'ascendant d'une éminente vertu, que loin de s'emporter, il se réduisit au ton d'apologiste. Il s'excusa sur ce qu'il n'avait pas pris de son plein gré le titre d'Auguste,

guste, et que l'armée l'y avait contraint; que du reste, aucun de ses ennemis n'avait perdu la vie que sur le champ de bataille. Le saint, qui avait une bonté d'ame presque sans exemple, se rendit à ces raisons, et l'empereur en marqua une joie incroyable. Ce fut une fête extraordinaire à laquelle on invita tout ce qu'il y avait de plus considérable à la cour. L'évêque fut mis dans le festin à la place d'honneur, à côté du souverain. Un prêtre qui l'avait suivi à Trèves, occupa le premier rang après lui. Quand on eut présenté la coupe au prince, suivant la coutume, avant d'en faire usage, il la passa au saint évêque : il s'attendait à la recevoir de sa main immédiatement après. Mais dès que l'évêque eut bu, n'envisageant les objets que des yeux de la foi, il donna la coupe à son prêtre, ce qui surprit moins l'empereur et les courtisans, qu'il ne les édifia ; tant il est vrai que les choses les plus éloignées des mœurs communes se font respecter !

L'impératrice désira de régaler à son tour le saint archevêque. C'était une nouvelle difficulté encore plus grande que la première : car, à l'âge de soixante et dix ans où il était parvenu, jamais il n'avait mangé avec aucune femme. Mais il sollicitait pour des prisonniers, pour des bannis, pour des gens dépouillés de leurs biens ; sa charité, l'ame et le mobile de toutes ses œuvres, le fit déroger à la loi qu'il s'était faite, et la princesse en conçut une reconnaissance si vive et si respectueuse, qu'elle ne voulut que le servir, au lieu de se mettre à table avec lui. Elle y plaçait et approchait les mets qu'elle avait préparés de sa main, lui servait à boire, et durant tout le repas, elle se tint attentive et debout, dans l'humble contenance d'une personne faite pour le service. Quand on leva la table, elle fit précieusement garder les restes du pain, et jusqu'aux moindres choses qu'il avait touchées ; ce qui prouve bien que les grands sentent eux-mêmes qu'il y a dans la vertu, une grandeur supérieure à celle qui les élève au-dessus des autres hommes.

Leçon salutaire pour la Jeunesse.

La plupart des jeunes gens, entraînés par la fougue des passions ou par le torrent des mauvais exemples, s'égarent dans les routes du vice, et dès qu'une fois ils y sont engagés, il est rare qu'ils songent à en revenir. Ils s'imaginent au contraire que la jeunesse étant la saison des plaisirs, ils ne doivent s'occuper qu'à en goûter les douceurs ; et s'ils pensent à leur conversion, ce n'est que pour la renvoyer au déclin de l'âge. Nous allons leur mettre sous les yeux un exemple bien propre à les détromper de cette erreur. Ils y verront un jeune homme qui s'était égaré comme eux ; mais ils apprendront en même temps par sa conduite et par ses paroles, que lorsqu'on a eu le malheur de s'éloigner de Dieu, on ne saurait trop s'empresser de retourner à lui.

Ce jeune homme appelé Nil, était d'une figure et d'un enjouement d'esprit qui, joints à l'avantage d'une voix flatteuse, et à tous les talens d'agrément et de société, le firent rechercher dans le monde, tout au sortir de l'enfance. Malgré l'éducation très-chrétienne qu'il avait reçue, il se laissa bientôt séduire par les attraits de ce monde trompeur, dont la faiblesse et l'inexpérience de son âge l'empêchèrent de sentir le danger. Il en adopta les maximes; il en suivit les exemples; il y forma des liaisons dangereuses, et ces liaisons ne tardèrent pas à l'entraîner jusque dans le crime. Mais la pensée des vérités éternelles, dont il s'était nourri dès les premières années de sa vie, excitèrent bientôt le repentir dans son ame; et la crainte de la mort, dans une fièvre violente dont il fut attaqué, le rendit efficace. Sur le champ, et sans être encore guéri de la fièvre, il se leva, et partit pour aller chercher dans la solitude un asile où il pût être à l'abri des dangers du monde. Il rencontra sur la route un Sarrasin qui lui demanda brusquement qui il était, d'où il venait, où il allait. Nil lui découvrit son dessein avec ingénuité. Le Sarrasin considérant sa jeunesse et la richesse de ses vêtemens, car il avait encore son habit séculier : « Tu devrais au moins

» attendre la vieillesse, lui dit-il, pour
» t'engager dans la vie monastique,
» si telle est ta fantaisie. » Nil voulant
lui faire sentir que nous devons servir le Seigneur en tout temps, et surtout dans le premier âge, lui fit cette sage réponse. « Quoi ! vous voulez que
» j'attende la vieillesse pour me con-
» sacrer au service de Dieu ! Mais
» un sacrifice arraché par la néces-
» sité, est-il donc digne de lui ; et
» croyez-vous qu'un vieillard qui n'a
» plus la force de servir son prince,
» soit plus propre au Roi des rois ? »
Le Sarrasin touché de ce discours, lui montra le chemin, en le comblant d'éloges, et en l'encourageant à suivre son projet. Il l'exécuta en effet ; et il répara si bien les désordres de sa jeunesse, qu'il s'éleva par ses vertus à la sainteté la plus éminente.

Le Fils dénaturé et le bon Père.

Un père chrétien n'avait rien oublié pour donner une bonne éducation à son fils ; mais le mauvais naturel et les passions criminelles de ce fils dénaturé avaient rendu tous ses soins inutiles. Il apprit un jour que cet enfant chéri, qui devait faire le bonheur de sa vie, avait formé l'horrible projet de lui donner la mort, pour jouir plutôt de son héritage et vivre en liberté. Pénétré de douleur, et voulant faire un dernier effort pour attendrir le cœur de ce fils barbare, il le pria de l'accompagner et d'aller se promener avec lui. Comme il y consentit, dans l'intention peut-être d'exécuter son abominable dessein, le père le mena insensiblement dans un endroit écarté, et assez avant dans une forêt. Alors l'arrêtant tout à coup : *Mon fils*, lui dit-il, *j'ai appris et je suis assuré que vous avez pris la résolution de m'assassiner. Malgré les sujets de plainte que j'ai contre vous, vous êtes mon fils, et je vous aime encore. J'ai voulu vous donner une dernière marque de ma tendresse ; je vous ai conduit dans cette forêt, où nous serons sans témoins, et où on ne pourra avoir aucune connaissance de votre crime.* Alors tirant un poignard qu'il avait caché sous son habit : *Mon fils*, lui dit-il, *voilà un poignard ; contentez votre passion ; exécutez votre coupable projet ; mettez-moi à mort, puisque vous l'avez résolu. Du moins en mourant ici, je vous sauverai des mains de la justice humaine. Ce sera la dernière preuve de ma tendresse pour vous ; et dans mon extrême douleur, j'aurai du moins la consolation de vous conserver la vie, tandis que vous me l'ôterez.* Le fils touché, étonné, ne pouvait contenir ses soupirs. Fondant en larmes, il se jette aux genoux de son père, lui demande mille fois pardon de son crime, lui proteste devant Dieu, qu'il changera de conduite envers le meilleur et le plus tendre des pères. Il tint parole ; et dès ce moment, il donna à ce bon père autant de consolation et de joie, qu'il lui avait causé d'amertumes et de chagrins.

C'est à regret que nous avons rapporté ce trait, qui réveillera sans doute tous les cœurs sensibles ; mais comme nous avons travaillé principalement pour les jeunes gens, il nous a paru qu'il était à propos de le leur mettre sous les yeux, afin qu'en le lisant, ils conçoivent toujours plus d'horreur de tout ce qui est contraire à la piété filiale, qu'ils doivent regarder comme l'un de leurs premiers devoirs. C'est dans la même intention que nous avons cru devoir citer le trait suivant.

Générosité admirable d'une jeune Demoiselle.

Le jour qu'une jeune demoiselle de Paris, nommée Le Camus, fit sa première communion, une veuve indigente qui connaissait sa piété et sa charité, vint lui exposer de la manière la plus attendrissante la situation déplorable où elle était réduite; elle lui peignit, avec les couleurs les plus vives, la cruelle impossibilité où elle se trouvait de donner du pain à ses enfans, qui lui tendaient en vain les bras dans l'espérance d'en obtenir; et profitant de la circonstance qui lui était connue: « Ah! Mademoiselle,

» s'écria-t-elle, ce dimanche est un si » beau jour pour vous ! Pourriez-» vous refuser de nous faire participer » à votre bonheur, et seriez-vous » moins libérale envers nous que » Jésus-Christ ne l'a été à votre » égard ? » Ces dernières paroles frappèrent vivement l'esprit de mademoiselle Le Camus ; elle sentit son cœur s'attendrir ; et après quelques momens de réflexion, elle dit à la veuve infortunée : « Je ne puis rien » faire à présent pour vous ; mais » attendez-moi dans ma chambre, je » viendrai bientôt vous rejoindre ; et » peut-être à mon retour, je serai » assez heureuse pour pouvoir adou-» cir vos malheurs. » Après avoir dit ces paroles, elle s'empressa d'aller dans l'appartement de son père, qui l'aimait tendrement ; et se jetant subitement dans ses bras : « O mon père ! » s'écria-t-elle avec le ton le plus sen-

» timental, vous n'avez cessé jusqu'ici
» de me donner les marques les plus
» sensibles de votre tendresse ; mais
» il faut qu'aujourd'hui vous m'en
» accordiez une encore plus signalée,
» et c'est à ce nouveau trait de votre
» bonté, que j'attache une partie de
» mon bonheur. Que souhaites-tu
» donc, lui répondit le père, en la
» serrant dans ses bras ? explique-toi
» sans crainte. — Je n'ose vous dire...
» — Ose tout, mon enfant, et songe
» que tu parles au meilleur des pères,
» à un père qui n'a rien à te refuser.
» Que te faut-il donc ? explique-toi,
» encore une fois. — Il me faut......
» il me faut accorder à l'instant......
» — Quoi ? — Une pension viagère de
» cent écus sur la dot qui m'attend.
» — Une pension viagère de cent
» écus, et cette pension, m'as-tu dit,
» doit contribuer à assurer ton bon-
» heur ? Ah ! je ne le sacrifierai cer-

» tainement pas à une si modique
» somme. Mais qu'est-ce qui t'engage
» à me la demander? Rien ne manque
» ici à tes vœux; tout ce qui est à
» moi t'appartient, et nos biens ont
» été jusqu'ici aussi unis que nos
» cœurs. Pourquoi veux-tu donc com-
» mencer aujourd'hui à les séparer?
» — J'ai pour cela une raison que je
» ne puis pas encore vous dire; mais
» elle est si impérieuse, que mon
» cœur ne peut y résister. Ne me
» refusez donc pas la grâce impor-
» tante que je vous demande: je vous
» en conjure par l'amour que vous
» avez pour moi, par celui que j'aurai
» toujours pour vous; et si ce doux
» sentiment ne suffit pas pour vous
» attendrir, soyez du moins touché
» des larmes que vous voyez couler
» de mes yeux. » A ces mots, elle se
mit à pleurer. Le père pleura aussi,
et lui promit, en l'embrassant, de lui

accorder sur le champ le don qu'elle souhaitait. Elle n'eut pas plutôt entendu sa promesse, qu'enivrée de joie, elle vola dans la chambre où elle avait laissé la veuve désolée qui était venue implorer sa charité; elle l'amena dans l'appartement de son père; et là, lui sautant au cou et l'arrosant de ses larmes, elle lui dit avec transport : « J'ai cent écus à moi pour chaque » année : le bon et tendre père que » vous avez sous les yeux, vient de » me les donner; ils sont à vous et » à vos malheureux enfans : j'ai bien » rempli ma matinée. » Le père perça alors le voile du mystère dont elle avait couvert sa demande; il comprit que c'était la charité seule qui la lui avait inspirée; et comme il était lui-même fort charitable, il applaudit avec joie à la belle action que sa fille venait de faire, lui témoigna la vive satisfaction qu'il en ressentait, et l'exhorta à conserver, pendant toute sa vie, la tendre compassion qu'elle avait montrée ce jour-là pour les malheureux. La veuve infortunée qui en avait été l'objet, y fut encore plus sensible, et ne parlait de mademoiselle Le Camus qu'avec un enthousiasme mêlé d'attendrissement; elle publiait en toute occasion le bienfait extraordinaire qu'elle en avait reçu; et l'exemple touchant de sa jeune protectrice lui procura bientôt un grand nombre de nouveaux bienfaiteurs.

L'Ecolier charitable.

Un écolier âgé de dix-sept ans, qui étudiait au collége d'Harcourt, ayant rencontré un pauvre couvert de haillons, le reconnut pour un ancien domestique qui avait autrefois servi chez ses parens. Touché de la plus tendre compassion sur son infortune, à laquelle ni la paresse ni les vices n'avaient aucune part, il lui assigna un rendez-vous secret pour le lendemain matin, au collége d'Harcourt, et lui donna pour premier secours tout l'argent qu'il possédait alors, et la portion de pain destinée à son déjeûné, avec ordre de revenir l'après-dîné prendre celle qui devait servir pour son goûté. Il le fit loger dans une maison honnête, et paya ses loyers pendant huit mois; il le nourrit pendant le même temps avec le pain qu'on lui donnoit pour son déjeûné et pour son goûté, et avec l'argent qu'il recevait de ses parens pour ses plaisirs et les besoins de son âge. Il lui acheta ensuite un habit pour le mettre en état de solliciter un emploi, et le fit entrer comme domestique dans une maison où sa mère avait quelque liaison. Cette mère du bienfaisant jeune homme, dînant un jour chez son amie, reconnut son ancien laquais, et appris de sa bouche l'histoire de sa vie depuis qu'il avait quitté son service. Il lui raconta sur-tout, dans le plus grand détail, tout ce que son fils avait fait pour lui ; et la mère, qui l'avait entièrement ignoré jusqu'alors, en fut si charmée, que se félicitant d'avoir un fils si modeste et si charitable, elle doubla la somme qu'elle avait coutume de lui donner pour ses menus plaisirs, et dont il faisait un si bon usage.

Les deux vertueux Vignerons.

On a aujourd'hui le cœur flétri par le récit de tant d'atrocités, qu'on ne doit pas être fâché de rencontrer de temps en temps des hommes qui déposent en faveur de la vertu, et qui annoncent qu'elle n'est pas encore tout-à-fait bannie de la terre. Or, tels se sont montrés dernièrement deux généreux habitans de la commune de Sarcelles, village situé à quatre lieues de Paris.

Le feu ayant pris par un accident imprévu dans une chaumière, fut en un instant transporté par un vent du nord très-violent, sur les chaumières situées de l'autre côté de la rue. Il était trois heures après midi. Il n'y avait personne dans le village, que les femmes et les enfans; les hommes étaient dans la campagne, occupés à leurs travaux. On sonne le tocsin pour appeler au secours. Ceux qui l'entendent, quittent tout pour y voler. Le nommé Henri Moreau, vigneron, est de ce nombre. Il travaillait à une demi-lieue de Sarcelles. En arrivant au village, il apprend que c'est sa propre maison qui est en proie aux flammes, et que les progrès de l'incendie avaient été si rapides, qu'on n'avait pu soustraire presque rien de ce qui lui appartenait. Alors, content d'apprendre que sa femme et les six enfans dont il est père, sont hors de danger, oubliant qu'il a tout perdu, il s'écrie : « Je suis ruiné, je » n'ai plus rien à sauver; travaillons » donc pour les autres. » Et sur le champ il se met en devoir de travailler à éteindre le feu. Le feu éteint, Henri Moreau, revenu de l'agitation qu'avait dû nécessairement lui causer le sentiment de son malheur, et trop à même d'apprécier de sang froid toutes ses pertes, n'a sur les lèvres que ces paroles de résignation et d'abandon à la divine Providence : « Dieu me l'a donné, Dieu me l'a » ôté; que son saint nom soit béni! » Son frère aîné, Joseph Moreau, aussi vigneron, victime comme lui de cet incendie, et qui n'ayant point d'enfans, en avait adopté deux, n'a point d'autres sentimens, point d'autre langage que celui de son frère.

L'exemple de ces vignerons, dit l'auteur de la lettre qui contient ce récit, a fait sur les habitans une impression qu'on ne saurait croire. *Aussi*, disaient les uns, *ces deux-là n'ont jamais été jacobins; aussi*, disaient les autres, *ces deux-là ont été toujours bons chrétiens:* et il est difficile en effet, même aux plus ignorans, de ne pas sentir que la religion seule peut produire ces généreux dévouemens.

Les deux Pages.

SAINTE Elisabeth, reine de Portugal, avait un page extrêmement vertueux, dont elle se servait pour la distribution de ses aumônes secrètes. Un autre page, jaloux de la faveur dont il jouissait à cause de sa vertu, résolut de le perdre; et pour y réussir, il persuada au roi qu'il avait un commerce criminel avec la reine. Le prince, que la corruption de son cœur portait à mal penser des autres, ajouta foi à la calomnie, et forma le projet d'ôter la vie au prétendu coupable. Il dit à un maître de four à chaux qu'il lui enverrait un page, pour lui demander *s'il avait exécuté ses ordres*, et que c'était là le signal auquel il le reconnaîtrait. « Vous le » prendrez, ajouta-t-il, et le jetterez » dans le four, afin qu'il y soit brûlé; » il a mérité la mort, pour avoir jus- » tement encouru mon indignation.» Au jour marqué, le page fut envoyé au four à chaux. Ayant passé devant une église, il y entra pour adorer

Jésus-Christ. Il entendit une messe, indépendamment de celle qui était commencée, quand il entra dans l'église. Cependant le roi, impatient de savoir ce qui s'était passé, envoya le délateur s'informer si on avait exécuté ses ordres. Le maître du four prenant celui-ci pour le page dont le prince lui avait parlé, le saisit et le jeta dans le feu, qui le consuma en un instant. Le page de la reine après avoir satisfait sa dévotion, continue sa route, arrive au four, et demande si l'ordre du roi est exécuté; et comme on lui répond affirmativement, il revient au palais rendre compte de sa commission. Le roi fut singulièrement étonné en le voyant de retour, contre son attente; mais lorsqu'il eut été instruit des particularités de l'événement, il adora les jugemens de Dieu, rendit justice à l'innocence du page, et respecta toujours depuis la vertu et la sainteté de la reine.

Beau trait de piété filiale.

Au nombre des prêtres détenus à Laval était M. Boucher, qui avait été marié avant de prendre l'état ecclésiastique. Mademoiselle Boucher sa fille, venait assidument lui apporter à manger. Un jour qu'elle accourait pour remplir ce devoir de la piété filiale, il plut aux gardes de l'arrêter. Elle presse, elle conjure qu'on ne la prive, ni du plaisir de nourrir son père, ni de la consolation de le voir. Les cruels la repoussent et s'obstinent, présentent leurs baïonnettes, menacent de la tuer, si elle ne se retire. « Vous pouvez me tuer, dit-elle, ti- » gres féroces, mais vous ne me for- » cerez pas à m'en aller sans avoir » vu mon père, et sans lui avoir porté » son dîner.... Quoi ! monstres, dans

» le fond des cachots les criminels » reçoivent librement leur nourri- » ture ; on les voit, on les visite ; » et vous m'empêcherez de secourir » mon père ! Frappez, monstres, » frappez : ou je mourrai ici, ou je » verrai et nourrirai mon père. » Les cris de cette digne enfant, et ceux de la garde qui la repousse, ont fait approcher quelques prêtres, et avec eux M. Boucher : il reconnaît la voix de sa fille, et il accourt. Elle le voit, elle s'élance à travers les baïonnettes, et se jette à son cou en criant : *O mon père, mon père !* Les tigres la poursuivent, essayent vainement de l'arracher des bras de son père. D'honnêtes citoyens heureusement arrivent, et il faut toutes leurs instances, toute leur indignation, pour empêcher que le père et la fille ne soient accusés d'avoir forcé la garde.

FIN.

www.ingramcontent.com/pod-product-compliance
Ingram Content Group UK Ltd.
Pitfield, Milton Keynes, MK11 3LW, UK
UKHW012235240726
13966UKWH00003B/1101